मेरे कृष्णा

शाईना अरोड़ा

ISBN 979-888555386-5

क्रम-सूची

क्रम-सूची

क्रम-सूची

क्रम-सूची

भूमिका

"Mere Krishna" is a collection of poetry, short stories and quotes by different authors nationwide. each writer has jotted down their views and life experiences in such a way that the reading audience will feel of optimistic, gleeful and will also feel each and every word related to Lord Krishna written inside the book .

writers in this book have scribbled down the words in such a way that you will live, feel and will fall in love with the words and feelings hidden inside them.

the main reason behind publishing the book is to provide a platform for the hidden talents around us, to provide people a new platform and encourages them to write .

the book's motive is to ignite love and happiness in the society and create a sense of disappearance of their sorrows.

I being the compiler of "Mere Krishna " am thankful to all my writers .

This book wouldn't have been compiled without all of you !
Shayna Arora

The content of this book shall not constitute or be construed or Deemed to reflect the opinion or expression of the publisher or editor. Neither the publisher nor editor endorse or approve the content of this book or guarantee the reliability ,accuracy or completeness of the content published herein and do not make any representations or warranties of any kind, express or implied, including but not limited to the implied warranties of merchantability, fitness for a particular purpose. the publisher and editor shall not be liable whatsoever for any errors , omissions, whether such errors or omission result from negligence , accident , or any other cause or claims for loss or damages of any kind , including without limitation , indirect or consequential loss or damage arising out of use , inability to use , or about the reliability , accuracy or sufficiency of the information contained in this book

Acknowledgement

Acknowledgement

The making of this anthology would not have been possible without the writers. thanks to everyone who has worked hard and has made efforts for this book to be a success. above all we thank almighty God for giving us opportunity and strength to complete this book successfully .

Enter Caption

Writing was something I cherished since childhood engaging in write ups that were kiddish and immature was what I started off with . still a hobby is what replenishes you, writing did that to me. with immense pleasure and enthusiasm , I started but the end was always hurriedly , and showed disinterest in the writer .so I worked upon myself and wrote my first book smile with "mere Krishna "

"

.

I am Shayna Arora, I am a small town girl with bigger dreams , by profession I am pursuing graduation in mathematics and English (honers) i believes that i might be one in 7 billions but i think i am also one in 7 billions!

I has been writing since the age of 16 and has co-authored 3 + anthologies in the past few months. I was also appreciated for my skill in English language.

I am a devotee of lord Krishna and a blooming writer has come up with and exciting thought of allying all "kanha devotee's " and integrated their love , expression , faith , experience and many more

.

I hope you like my work ..

Thank you !

1. Dear krishna

I am not only your devotes
i am your tiny child
One who too often tries
to hold all of her belongings alone.
The burden is too large to bear...
My frail shoulders weaken with the weight
And my heart grows anxious. but krishna said we would have
trouble in this world and my krishna also said: Take heart;
I have overcome the world. Would you help me remember
while I am the overwhelmed? to accept my own limitations
And the faith to accept your unlimited power?
that You are the Overcomer
Would you give me the grace
Would you reveal your incredible love once again that I might
soak up its glory? For it is when your love and power and
glory
saturate my spirit
that I am revolutionized
from overwhelmed
to overjoyed.
In the name of krishna

2. mera ladu

jai ladoo gopal

3. मेरे प्रियतम् मेरे सांवरे

सजते तुम हो - संवर मै जाती हूँ ।

मुस्कुराते तुम हो - निखर मै जाती हूँ ॥

मेरे प्रियतम् सांवरे

मधुवन में मधुर मुरली तुम बजाते हो

निधिवन में बनके मोरनी मैं नाच उठती हूँ ।

मदमस्त भरी नैयनो से तुम देखते हो

मदमस्त पवन बनके झूम मै उठती हूँ ॥

मेरे प्रियतम् सांवरे

भोर भए उठ गइयन संग तुम जाते हो

भोर भए उठ मै भी पाछे किसी बहाने चली आती हूँ ।

रिम-झिम-रिम-झिम संध्या प्रेम वर्षा तुम बरसाते हो

सुसुकी-सुसुकी मै भीगी-भीगी तुम्हारे आँचल मे चुप जाती हूँ ॥

मेरे प्रियतम् सांवरे

बर-बस याद तुम मुझे करते हो

बर-बस बेकरार मै हो जाती हूँ ।

एक एक पल तुम्हारे इंतजार मे संवारे

एक एक दिन जीवन का गवाए बैठी हूँ ॥

अब और देर मत करो - अब इख्तियार खोए बैठी हूँ

मेरे प्रियतम् मेरे सांवरे

4. vidhi

LORD KRISHNA HAVE BEEN ARRIVING AND WILL ARRIVE EVERYTIME THE EVIL GETS AN UPPER HAND OVER THE FAIR AND GOOD .

JAI HO....

WHEN YOU TURN YOUR
WORRY INTO WORSHIP,
KRISHNA WILL TURN YOUR
BATTLES INTO BLESSINGS.

5. सून मेरे कान्हा

अब तो आँखों से भी जलन होती है मुझे ए कान्हा,
खुली हो तो तलाश तेरी और बंद हो तो ख्वाब तेरे।
जो है माखन चोर, जो है मुरली वाला,
वही है हम सबके दुःख दूर करने वाला।
कृष्ण भक्ति की छाव में दुखो को भुलाओ,
सब प्रेम भक्ति से हरि गुण गाओ।
तू समझ ये बंदे, प्रभु तुझसे दूर नहीं,
भक्तों को कष्ट मिले, ये हमारे कान्हा को मंजूर नहीं।

6. Rudra

GOD IS THE BEST LISTENER
you do not need to shout nor cry out loud because he hears
even the very silent prayer of a sincere heart

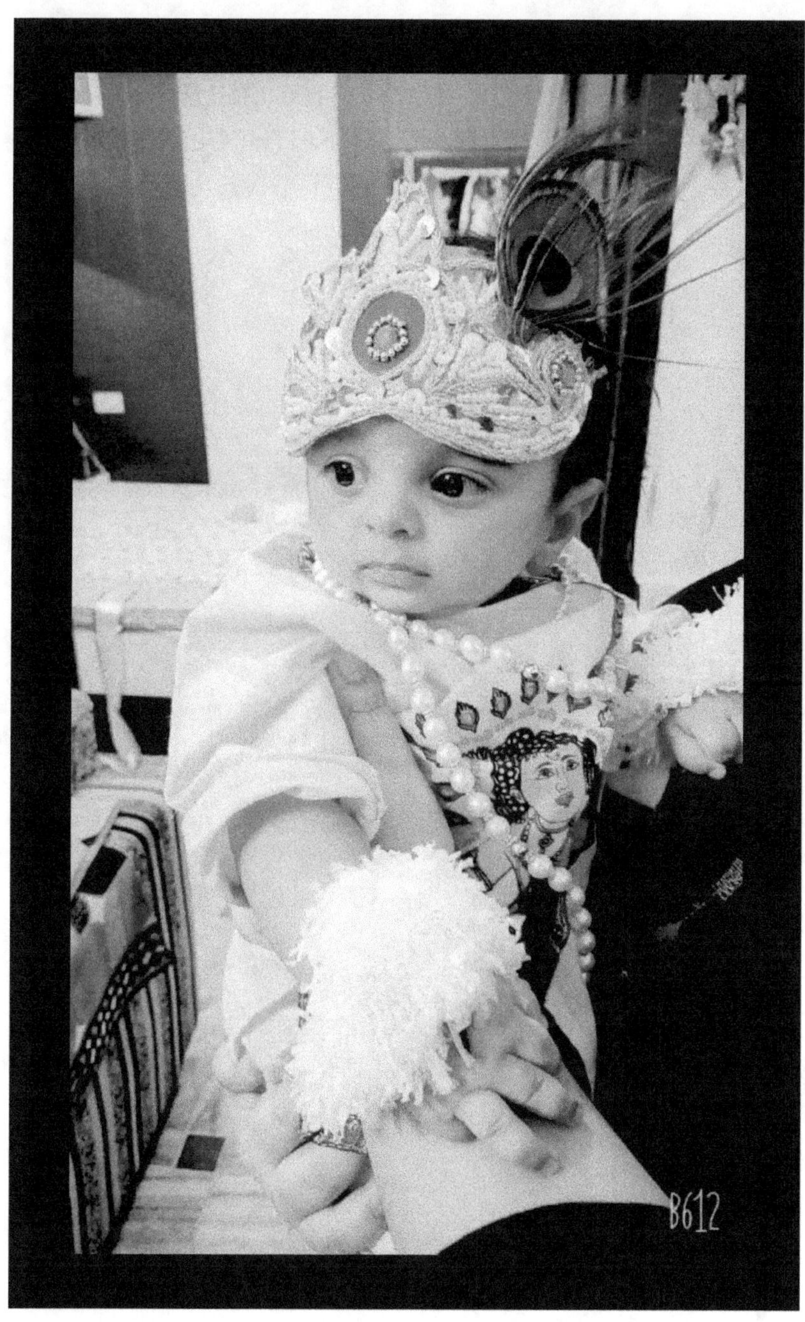

Enter Caption

GOD HAS A PURPOSE FOR PAIN
A REASON FOR YOUR STRUGGLE AND
A REWARD FOR YOUR FAITHFULNESS
TRUST AND DON NOT GIVE UP

7. माखन चोर...

घुटुवन के बल जाए के
माखन में अंगुरी डूबाए के
कछू खाए रहे, कछू गिराए रहे
माखन चोर लीला रचाए रहे।
ग्वाल बालन के टोली बुलाए के
छींके तक टीला बनवाए के
खुद खाए रहे, सबन के खिलाए रहे
माखन चोर उड़दंग मचाए रहे।
सब सखन के संग मिलाय के
जमुना के तट पर डेरा जमाय के
गुलेले से मटकी चटखाए रहे
नटखट गोपियन के सताए रहे।
गइयन के झुंड लइ जाय के
सघन कुंज बीच छितराइ के
अधरन पर मुरली सजाय रहे
मुरारी सबन के सुध बिसराए रहे।
गोपियन संग रास-रंग रचाए के
राधा प्यारी की निंदिया चुराए के
गोकुल के आंसुअन मे बाहाए रहे
कृष्ण मथुरा जावन की राह बनाए रहे।

8. makhan

SOMETIMES NOT GETTING WHAT YOU
YOU WANT IS LORD KRISHNA'S GREATEST BLESSINGS
...

JAI KANHA KI

WHEN ONE IS FULLY
SURRENDERED TO KRISHNA
HE BECOME HAPPY, KNOWING
THAT REGARDLESS OF THE
SITUATION, KRISHNA WILL PROTECT HIM..

9. राधा से कान्हा बोले

राधा से कान्हा बोले, तू क्यो है खोई - खोई सी,

तू क्यो है अभी रोई सी ।

अपने देद को शब्दु मे संजो के, राधा बोली,

दुनिया क्यो रो रही है, प्यार क्यो खो रहा है ।

सूरज की रोशनी तट पे है,

और फिर भी अंधेरा हो गया है ।

एक रिश्ता नही या हमारा, फिर भी प्यार हम मे या,

आज रिश्तो ने भी अपना वजूद खो दिया है ।

साथ नही हम, पर एक पवित्रता हमारे बीच है।

आज रिश्ता होकर भी पवित्रता खो गई है ।

अपने प्यार से उदारण हमने दुनिया को दिया है,

आज सवोंथ का नाम इसे इन्सानो दिया है।

मै रूठती थी आपसे, ताकी आपकी आंखो मे प्यार ढूंढ सकू,

आज लोग रूठते है, ताकी अपना स्वाथें पूरा कर सके ।

गोपियाँ कई थी आपकी जिदंगी मे, पर मेरा (राधा) का स्थान ऊँचा था,

आज गोपियो के बीच मे राधा का अस्तिव ही खो गया है ।

हम अगर दूर होते, हमारी आँखे कर लेती थी बाते सारी,

आज बात करने का हर जरिया होके भी इंसानो ने शब्दो को खो दिया है ।

जिस उम्मीद से मै जोडो को देखती थी,

वो उम्मीद मैने कही खो दिया है ।

कान्हा ये क्या तेरी दुनिया को हो गया है,

इंसान क्यो अपने जीवन से प्यार को भूल गया है।

तब कान्हा ने कहा, ॥ मेरी दुनिया आज पैसे की हो गई है ।

रिश्ते नातो को छोड़ के सोने के भाव को मोल दे रही है॥

For all those who don't understand Hindi, the main aspect of this poem is to focus on the values of relationships that are lost today in this materialistic world. There is a small comparison between the Eternal love of "Divine Radha-Krishna" and the love between this generation couples. The translation of the poem is as below:

Kanha (Krishna Ji) says to Radha, why are you lost in your thoughts, why it feels that you are about to cry.

She tries to gather her pain in her words and says, why is the world crying, why is love getting lost from the world.

Though sun is at peak, but still it feels, that it is about to get dark.

A relation was not defined between us, but still there was love between us. But today, even relationships have lost its significance / existence.

We were not together, but still there was purity in between us, but now after being in a relationship also, there is no purity.

We gave an example to the society by our love and today people have renamed love to acquire their selfish needs.

I used to get upset with you, to find love in your eyes.

Today people get upset just to fulfill their selfish needs.

Though there were many Gopies (girls) in your life, but my existence had a special place, but today in between those girls, the lady luck (wife) losses her existence.

Even if we were far away from each other, our eyes used to speak for us. Today besides having all the communications modes people have lost the words.

The hope with which I used to see couples, I have lost that hope.

What has happened to your world, why have people forgotten love from their life?

To which Kanha replies, "My world has became a world of money, people have started to give values to gold instead of relations."

10. radha rani

RADHE RADHE

TRUST HIS WORDS ,
TRUST HIS DEEDS ,
TRUST HIS DECISIONS ,
TRUST HIS VISIONS,
TRUST SRI KRISHNA ONCE,
HE ENTRUSTS HIMSELF FOREVER

11. Love famine !

Look at his eyes O Radhe,
love famine rages in them ,
he hankers to see you and beholds your mirages and runs
towards them
Krishna can live without water and even without air but
without you, Radhe every minute he dies
A 100 millions death

12. vihari

jai ho

13. मेरे दाता

जब से दाता मैंने तेरा नाम लिया है
धीरे धीरे मेरा हर काम हुआ है
जिन्दगी में मैंने बड़े दुःख उठाये है
अब आप की शरण में प्रभु हम आये है
मिट गयी तकलीफ अब आराम हुआ है
धीरे धीरे मेरा हर काम हुआ है
तेरे बिना दाता मेरा कोई नहीं है
तेरे दर बिना अब कोई ठौर नहीं है
मेरी हर खुशी का इंतजाम हुआ है
धीरे धीरे मेरा हर काम हुआ है
कौन करे प्रभु कोई किसी के लिए
जितना तूने कर दिया मेरे लिए
मिट गई तकलीफ अब आराम हुआ है
धीरे धीरे मेरा हर काम हुआ है
यह तो सच्चा सौदा है मेरे श्याम का
सारे जग से ऊंचा दर मेरे श्याम का
मैंने भी तो श्याम तेरा नाम लिया है
धीरे धीरे मेरा हर काम हुआ है
जब से दाता मैंने तेरा नाम लिया है
धीरे धीरे मेरा हर काम हुआ है

14. PREM

JAI SHRI KRISHNA

WHERE FLUTE PLAY LOVE,
WHERE DANCE PERFORMS LOVE,
WHERE HEARTS SERVES LOVE,
WHERE TRUST LIVES AS LOVE,
WHERE CROWS BECOME DOVE,
WHERE DIVINITY IS LOVE ,
WHERE TRINITY BOWS FROM ABOVE,
IT'S VRINDAVAN ABODE OF SHRI RADHA KRISHAN'S
LOVE...

15. भक्ति की छाव

अब तो आँखों से भी जलन होती है मुझे ए कान्हा,

खुली हो तो तलाश तेरी और बंद हो तो ख्वाब तेरे।

जो है माखन चोर, जो है मुरली वाला,

वही है हम सबके दुःख दूर करने वाला।

कृष्ण भक्ति की छाव में दुखो को भुलाओ,

सब प्रेम भक्ति से हरि गुण गाओ।

तू समझ ये बंदे, प्रभु तुझसे दूर नहीं,

भक्तों को कष्ट मिले, ये हमारे कान्हा को मंज़ूर नहीं।

16. mohan

तुम बिन मैं एक बूँद हूँ श्रीवल्लभ, तुम मिलो तो सागर बन जाऊँ। तुम बिन मैं एक धागा हूँ श्रीवल्लभ, तुम मिलो तो चादर बन जाऊँ। तुम बिन मैं एक कागज हूँ श्रीवल्लभ, तुम मिलो तो किताब बन जाऊँ। तुम बिन मैं केवल शब्द हूँ श्रीवल्ल तुम मिलो तो प्रेमग्रंथ बन जाऊँ।

jai ho...

है माधव…. माना कि, ना देखा है, ना छुआ है, ना पाया है तुझको..!!
लेकिन
तेरे इश्क़ में इबादत सा सुकूं आया है मुझको….!!!!

17. पुराना रिश्ता

कन्हैया दिल में है याद तेरी, होठों पे नाम तेरा,
मेरे दिल में बसने वाले, तेरे चरणों में प्रणाम मेरा।
दौलत छोड़ी शोहरत छोड़ी सारा खजाना छोड़ दिया,
कृष्णा के प्रेम दीवानों ने सारा जमाना छोड़ दिया।
हे अर्जुन के सारथी मुझको भी ऐसा ज्ञान दो,
तेरे प्रेम की ज्योति को जलाये रखू, ऐसा वरदान दो
हे कान्हा, तुम संग बीते वक्त का मैं कोई हिसाब नहीं रखती,
मैं बस लम्हे जीती हूँ, इसके आगे कोई ख़्वाब नहीं रखती।
बहुत खूबसूरत है मेरे ख्यालों की दुनिया,
बस कृष्ण से शुरू और कृष्ण पर ही खतम।
देखू मेरे माधव की आँखे, या करूँ आँखे चार,
दर पर उसके शीश नमाऊं या निहारु वारंवार।
राधे राधे बोल, श्याम भागे चले आएंगे,
एक बार आ गए तो कभी नहीं जायेंगे।
जग में कलयुग का हाहाकार है,
बंसी बजैया तेरे आने का इंतजार है।
अभी तो बस इश्क़ हुआ है, कान्हा से,
मंजिल तो वृंदावन में ही मिलेगी।
श्याम तेरे मिलने का सत्संग ही बहाना है,
दुनिया वाले क्या जाने ये रिश्ता पुराना है।

18. MURALIDHAR

तुझको लिखूँ या तुझ पर लिखूँ
उलझन यहीं हर बार है.. लेना देना नहीं है कुछ दुनिया से मेरा,
मुझे तो तेरी दहलीज़ से ही प्यार है..

jai kanhiya lal ki ....

19. कैसे दर्शन पाए

वृन्दावन में जाये या कुंज गलिन में जाये
बोल मेरे श्याम तेरा कैसे दर्शन पाए
रूप सारे तेरे दिल को भाये मेरे
बिन तेरे दिल को कुछ भी भाए ना
वृन्दावन में जाये या कुंज गलिन में जाये
बोल मेरे श्याम तेरा कैसे दर्शन पाए
वृन्दावन में जाये या कुंज गलिन में जाये
बोल मेरे श्याम तेरा कैसे दर्शन पाए

20. SHAYAM

सौदा कुछ ऐसा किया है... तेरे ख़्वाबों ने मेरी नींदों से..... या तो दोनों आते हैं, या कोई नहीं आता...

अध्याय21

1. कौन कहता कृष्ण अब माखन खाते नहीं है,
श्रद्धा, समर्पण और प्रेम से हम बुलाते नहीं है।

2. मैया माखन दूर है हाथ मोरा ना जाएँ,
नन्हा सा कान्हा तेरा माखन कैसे चुराएँ,
बाल-ग्वाल सब बैरी है नाम मेरा बताएँ
मुझको भोला जान के बरबस मुख लिपटाएँ

3. खुशियों की मटकी फूटी
मन माखन सा हो गया
कान्हा की बाँसुरी सुनी
सारा जहाँ वृंदावन सा हो गया

4. वृंदावन की गलियों में मच गया शोर,
यशोदा मैया के घर आ गयो माखन चोर।
जब कन्हैया चुराकर माखन खाते थे,
तो सभी माखन की मटकी छुपाते थे।

अध्याय22

हे माधव....

एक खूबसूरत सी खुशी है तुम्हारी याद में, जब भी आती है एक मुस्कुराहट लाती है साथ में......

अगर सारा जहां भी मेरा दीवाना होता, तो भी मेरा दिल सिर्फ तेरा दीवाना होता..

jai ho...

मुझे न बुलाने की वजह पूछने का मौका ही नहीं मिला..
वो अदाएँ पर अदाएँ बदलते गये और हम मदहोश से होश खोते गये..

अध्याय 23

लोगो की रक्षा करने
एक उंगली पर पहाड़ उठाया
उसी कन्हैय्या की याद दिलाने
जन्माष्टमी का पावन दिन आया.
जय श्री कृष्णा?

24. PARAM PURUSH

jai laduu gopal...

25. बंसी की धुन

मुरली मनोहर, ब्रिज के धोहर,
वो नंदलाला गोपाल
बंसी की धुन पर सबके दुख हरने वाला,
सब मिल्कर मचान धूम के,
कृष्णा आने वाला है...!!!

26. BANSURI

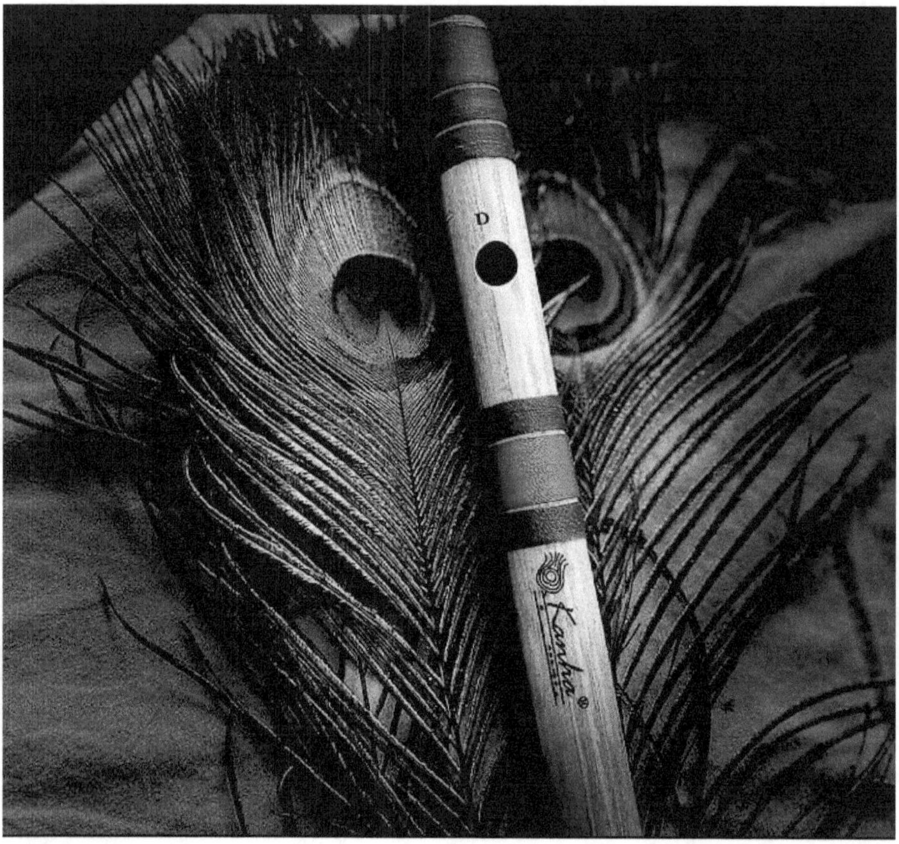

jai shri krishna....

27. प्रेम के सहारे...

तेरे प्रेम के सहारे...
मेरी साँस अब चलेगी,
जो तू नहीं तो कान्हा,
ये प्राण भी न होंगे...
हम तो तेरे दीवाने ,
तेरे प्रेम के पुजारी...
तेरे लिए जिए हैं,
तेरे लिए जिएँगे...
मेरी बाँह अब पकड़ लो...
मुझे प्रेम से जकड़ लो,
ये प्रेम की डगर पे
जो चल पड़े कदम हैं....
तेरी शपथ है बाँके
ये अब तो न रुकेंगे

28. murali

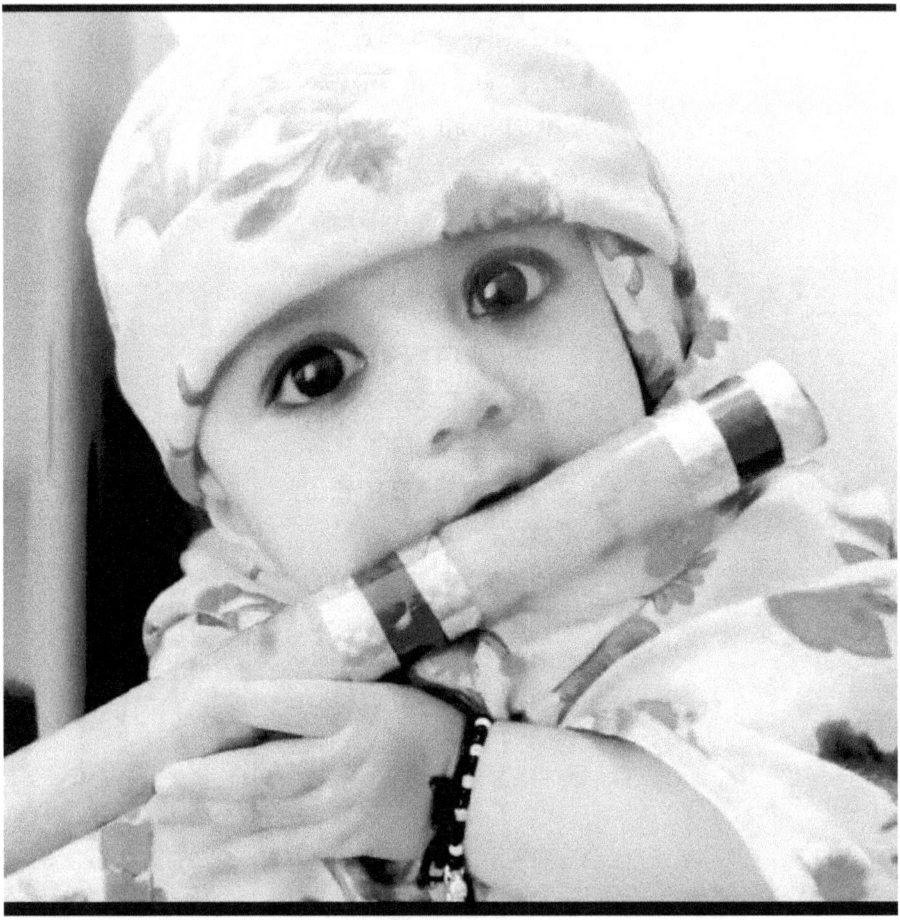

jai shri krishan...

29. मटक्यो री

नैन लख्यो जब कुंजन तैं, बनि कै निकस्यो मटक्यो री।
सोहत कैसे हरा टटकौ, सिर तैसो किरीट लसै लटक्यो री।
को 'रसखान कहै अटक्यो, हटक्यो ब्रजलोग फिरैं भटक्यो री।
रूप अनूपम वा नट को, हियरे अटक्यो, अटक्यो, अटक्यो री॥
जय जय श्री राधे !

30. BANKE

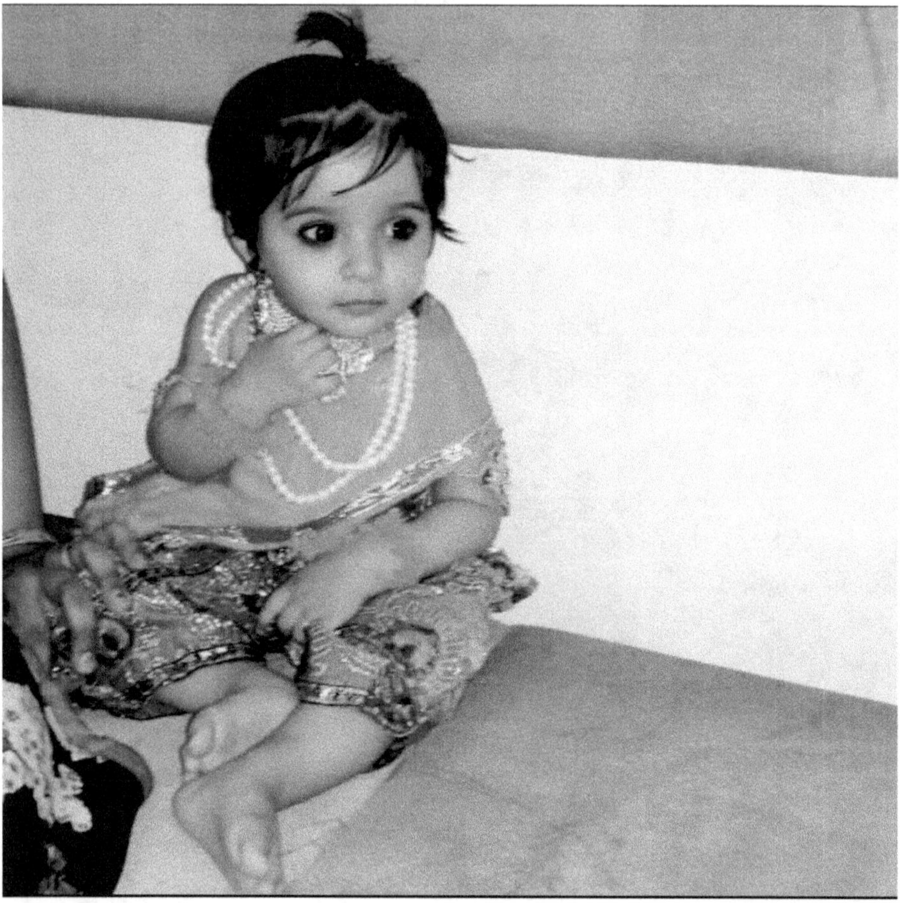

jai shri krishna...

अध्याय31

Oh! Lord Krishna!!
You are a Guru, you are a savior
We all chant Jay Shree Krishna, Jay Shree Krishna
You have proved yourself to be an Avatar (Incarnation)
You are the 8th Avatar of Lord Vishnu
You are considered to be a warrior and a hero
Also you have played the role of a teacher and a philosopher
You are loved, you are worshiped
You are the God of compassion, tenderness and love
You are regarded as a supreme God too
You are for human beings and human beings are for you
Lovingly we all chant Jay Shree Krishna, Jay Shree Krishna
We also chant...
Hare Krishna, Hare Krishna
Krishna Krishna, Hare Hare
Hare Rama, Hare Rama
Rama Rama, Hare Hare.

32. NARAYAN

बुला लो ना प्यारे अपने वृंदावन धाम, वरना हम कचहरी में अपील करेंगे
हार जाओगे तुम माधव,
क्योंकि हम राधा रानी को अपना वकील करेंगे,

jai shri....

मेरी आँखों में एक ख्वाब आवारा है,
चाँद भी देखुं तो चेहरा तुम्हारा ही हो..!!

33. माँ की कोख

माँ की कोख से लेकर, उनकी गोद में आने तक,
बंध मुठी के सपनों को अपना बनाने तक,
नन्ही-नन्ही बातो को लेकर रूठ जाने तक,
फिर मां के प्यार से बहल जाने तक,
यही प्रेम है, यही समर्पण, यही जिंदगी।
बचपन की आठखेलियो में शैतानी छुपाने तक,
बनकर नंदलाल यशोदा मां को सताने तक,
कभी मटकी तोडने तो कभी माखन चुराने तक,
बन भोले मां से सब कुछ छुपाने तक,
कभी प्रेम में राधा के सब कुछ भुलाने तक,
यही प्रेम है, यही समर्पण, यही जिंदगी।
खिलोनो से खेलते-खेलते बड़े ** जाने तक,
पिता की उंगली पकड़ उनके कांधे पे आने तक,
छोटी सी ज़िद को लेकर बैठ जाने तक,
पापा की फटकार से लेकर सहम जाने तक,
यही प्रेम है, यही समर्पण, यही जिंदगी।
योवन में कदम रखकर पाव बढ़ाने तक,
किसी के प्यार में अपना सब कुछ लुटाने तक,
छोटी-छोटी बातो पर लड़कर उनको मनने तक,
ना मानने पर तन्हा आन्सु बहाने तक,
यही प्रेम है, यही समर्पण, यही जिंदगी।
उनके इंतजार में पलके बिचाने तक,
मिल्कर सब कुछ कहने का सपना सजाने तक,
उनके बिना हर रात के तन्हा ** जाने तक,
उनको ख्वाबो में सोच आंखों के नम हो जाने तक,
** यही प्रेम है, यही समर्पण, यही जिंदगी।

34. MERE GOPAL

हर शाम से तेरा इंतज़ार किया करते हैं..
हर ख्वाब में तेरा इंतजार किया करते हैं...
दीवाने ही तो है हम तेरे...
जो हर वक्त तेरे मिलने का इंतज़ार किया करते हैं।

mere pyare

35. The empty jhoola

Gopi star maidens roam
across an ever widening
void
searching for their darling Giridhari
"Krishna why have You abandoned us?"
"Your foot prints have gone cold and the music
of Your ankle bells are deathly silent"
"The universe is so colossal, baffling,
unfathomable, bewildering and
incomprehensible"
"Where are You?"
"We beg only for Your celestial embrace"
The Lord opens His ginormous, glittering,
galactic blue mouth and laughs
misty worlds evaporate and reappear
Elysian fields, sweet perfumed scents
of Paradise
sweep across our Souls
Beloved Krishna with the cashmere eyes
that old snake charmer
plays His golden flute
Radha seated eternally by His side
The empty jhoola swings

36. KANHA

jai hoo..

37. सूरदास

सूरदास कौन थे- वात्सल्य रस के सम्राट महाकवि सूरदास का जन्म 1478 ईसवी में रुनकता नामक गांव में हुआ था। हालांकि कुछ लोग सीही को सूरदास की जन्मस्थली मानते है। इनके पिता का नाम पण्डित रामदास सारस्वत ब्राह्मण थे और इनकी माता का नाम जमुनादास था। सूरदास जी को पुराणों और उपनिषदों का विशेष ज्ञान था।

सूरदास भक्ति काल के मुख्य कवि माने जाते हैं. उनकी रचनाएँ वात्सल्य रस से ओतप्रोत हैं. सूरदास भक्तिकाल के सगुण धारा (ईश्वर की आकृति पर विश्वास रखने वाले) के कवि थे. वह भगवान श्रीकृष्ण के परम भक्त थे. उन्होंने अपनी रचनाओं में भगवान श्री कृष्ण का श्रृंगार और शांत रस में बेहद ही मर्मस्पर्शी वर्णन किया हैं.

38. स्याम संग राधा

खेलौ जाइ स्याम संग राधा।

यह सुनि कुंवरि हरष मन कीन्हों मिटि गई अंतरबाधा॥

जननी निरखि चकित रहि ठाढ़ी दंपति रूप अगाधा॥

देखति भाव दुहुंनि को सोई जो चित करि अवराधा॥

संग खेलत दोउ झगरन लागे सोभा बढ़ी अगाधा॥

मनहुं तड़ित घन इंदु तरनि ह्वै बाल करत रस साधा॥

निरखत बिधि भ्रमि भूलि पर्यौ तब मन मन करत समाधा॥

सूरदास प्रभु और रच्यो बिधि सोच भयो तन दाधा॥

भावार्थ :-- रास रासेश्वरी राधा और रसिक शिरोमणि श्रीकृष्ण एक ही अंश से अवतरित हुये थे। अपनी रास लीलाओं से ब्रज की भूमि को उन्होंने गौरवान्वित किया। वृषभानु व कीर्ति (राधा के माँ-बाप) ने यह निश्चय किया कि राधा श्याम के संग खेलने जा सकती है। इस बात का राधा को पता लगा तब वह अति प्रसन्न हुई और उसके मन में जो बाधा थी वह समाप्त हो गई। (माता-पिता की स्वीकृति मिलने पर अब कोई रोक-टोक रही ही नहीं, इसी का लाभ उठाते हुए राधा श्यामसुंदर के संग खेलने लगी।) जब राधा-कृष्ण खेल रहे थे तब राधा की माता दूर खड़ी उन दोनों की जोड़ी को, जो अति सुंदर थी, देख रही थीं। दोनों की चेष्टाओं को देखकर कीर्तिदेवी मन ही मन प्रसन्न हो रही थीं। तभी राधा और कृष्ण खेलते-खेलते झगड़ पड़े। उनका झगड़ना भी सौंदर्य की पराकाष्ठा ही थी। ऐसा लगता था मानो दामिनी व मेघ और चंद्र व सूर्य बालरूप में आनंद रस की अभिवृद्धि कर रहे हों। यह देखकर ब्रह्म भी भ्रमित हो गए और मन ही मन विचार करने लगे। सूरदास कहते हैं कि ब्रह्म को यह भ्रम हो गया कि कहीं जगत्पति ने अन्य सृष्टि तो नहीं रच डाली। ऐसा सोचकर उनमें ईर्ष्याभाव उत्पन्न हो गया।

39. NARAYAN

jai...

है माधव.. तेरे ज़िक्र के बिना कैसे जिंदगी की कहानी लिखूँ...
तुझे इश्क
लिखूँ वफा
लिखूँ या
अपनी जिन्दगानी लिखूँ....!!

अध्याय 40

जागौ, जागौ हो गोपाल ।

नाहिन इतौ सोइयत सुनि सुत, प्रात परम सुचि काल ॥

फिरि-फिरि जात निरखि मुख छिन-छिन, सब गोपनि बाल ।

बिन बिकसे कल कमल-कोष तैं मनु मधुपनि की माल ॥

जो तुम मोहि न पत्याहु सूर-प्रभु, सुन्दर स्याम तमाल ।

तौ तुमहीं देखौ आपुन तजि निद्रा नैन बिसाल ॥

सूरदास जी कहते हैं कि (मैया मोहन को जगा रही हैं-) 'जागो ! जागो गोपाललाल ! प्यारे पुत्र ! सुनो, सबेरे का समय बड़ा पवित्र होता है, इतने समय तक सोया नहीं जाता । क्षण-क्षण में (बार-बार) तुम्हारे मुख को देखकर सभी ग्वाल-बाल लौट-लौट जाते हैं (तुम्हारे सब सखा जाग गये हैं)। ऐसा लगता है जैसे बिना खिले सुन्दर कमल-कोष से भौंरों की पंक्ति लौट लौट जाती हो । तमाल के समान श्याम वर्ण वाले मेरे सुन्दर लाल! यदि तुम मेरा विश्वास न करते हो तो नींद छोड़कर अपने बड़े-बड़े नेत्रों से स्वयं तुम्हीं (इस अद्भुत बात को) देख लो

41. gopal

jai hoo...

42. बस कान्हा

कान्हा को बस एक बार बचपन में याद किया,
बस उसी याद के बदले कान्हा ने जिंदगी भर साथ दिया।
हमें बसउसका साथ निभाना है।
हमने तो सब छोडा उसपे, जो चुने उसी राह पे जाना है।

43. BRIZ

जब से रखा है कदम तेरी चौखट पर,,,
आसमां से भी ऊंचा.
मेरा सर लगता है...
तेज आँधियाँ है, फिर भी मैं रोशन हूँ,,,
ये सिर्फ तेरी रहमतों का असर लगता है.

mere lal

मन के रोग की औषधि सिर्फ श्री राधा नाम....
आंखें, शब्द और आवाज़ काफी है आपकी मेरे लिए....
किसने कहा कि छूना जरूरी है छू जाने के लिए...

44. दिल खो ही जाता है

कान्हा तुझे ख्व़ाबों में पा कर दिल खो ही जाता है
खुद को जितना भी रोक लूँ प्यार हो ही जाता है
जय श्री राधे कृष्णा राधे कृष्णा !!!!

45. jai shri krishan

jai hoo..

46. A Letter From Radha

A Letter From Radha
my darling krishna,
isn't it time
to put away
that decorated flute
of yours?
knowing well
this is where
soulful melodies
which sustain
the rhythm of the universe
emanates from
let the birds stop singing
the gopis stop dancing
the stars stop shining
and the universe stop expanding
from here on
you belong
to me alone...
eternally yours,
radha

47. radha krishan

मेरी आँखों में यही हद से ज्यादा बेशुमार है...!!
तेरा ही इश्क़, तेरा ही दर्द, तेरा ही इंतजार है....!!!!
हे माथव... तमन्ना है कि हर तमन्ना में तू रहे..!! तू
तुझमे मै रहू और मुझमे
हमेशा तू रहे..!!

Enter Caption

48. भारत का हाल

कृष्ण को याद करके भारत का हाल बताती है ।
 ✳ आजाओ माखन चोर
एक बार फिर जग में
हाल दुष्कर है सृष्टि का
हर पल प्रतिपल में
 ✳ मची है चीत्कार
चहुँ ओर जग में
भ्रष्टाचार व्याप्त है
यहाँ हर मन में
 ✳ आजाओ माखन चोर
एक बार फिर जग में
✳ अराजकता, चीरहरण, भ्रष्ट आचरण
दिखता हर कूँचे सड़क पर
हर डग पर खड़ा कुशासन
रिश्ते झूठे हैं अब इस जगत में
✳ दुर्योधन, दुशासन, कंस का जमाना
फिर से आ गया वही सदियों पुराना
घूंसखोरी चली है अकड़ के
न्याय है ही नहीं इस जगत में
 ✳ आजाओ माखन चोर
एक बार फिर जग में
✳ माखन-मिश्री वह टोली अठखेली
नहीं दिखती है अब मानव मन में
गौ-धन का बुरा यहाँ हाल है
गौ-हत्या करें , पापी जग में

* भविष्य नौनिहालों का लगा दांव पर
बन बैठे हैं नाग कालिया हर घाट पर
एक बार कृपया कर जाओ
संसार का दुख हर ले जाओ
* आजाओ माखन चोर
एक बार फिर जग में
* कौरवों का अभी भी यहाँ राज है
पांडवों का जीना दुश्वार है
सच्चा कर्म आकर सिखा जाओ
एक बार फिर मंथन कर जाओ
* युद्धभूमि हर घर में सजी है
भाई-भाई में कटुता भरी है
अहम् अपना यहाँ सर्वस्व है
दुख दरिद्रता का राज सर्वत्र है
आजाओ माखनचोर
एक बार फिर जग में
तार दो हर जन को सत्कर्म से
एक बार फिर से आकर मेरे कान्हा
पढ़ा जाओ गीता का पाठ इस जग में
लिया जन्म तूने इस जग में जब
छटा काली छटी थी अष्टमी पर
एक बार मेरे कान्हा आजाओ
इस सृष्टि को सँवार जाओ
* आजाओ माखनचोर
एक बार फिर जग में
हाल दुष्कर है सृष्टि का

49. LOVE

love

50. Tumhi kaho Kanha...

Tumhi kaho Kanha...
Main Shyaam ke Suhagan hoke
kaise apne Shyaam ke bina
jee sakti hoon.
Tum jiss virah he peedha mein peedit ho... Main bhi uss hi
peedha se peedhit hoon Kanha..
Tumse Virah ke...
Ek baar aao na Kanha mere paas...
Apni Virahini, Apni Anuragini ke paas..
Kitne din ho gaye
tumse beechde huye Kanha...
Woh ashru...
Jo tumse bichaddne ke samay mikli thi...
Woh ashru phor se nikal rahi hai Kanha...
Aur peedha na do
apni Anuregini ko..
Jaldi ano...

51. kanhiyaa

Enter Caption

52. Life

Bhagavad Gita Chanting
Life is a series of moments delivered one at a time.
When the moment is delivered, you are busy worrying about the future or regretting the past.
Yesterday you were worried about this moment, but when it arrived you are worrying about tomorrow.
Worry will always keep you busy but living life with awareness brings happiness and joy.
IF YOU ARE NOT HERE, NOW, THEN YOU ARE MISSING LIFE!

अध्याय53

हे गोविन्द... दिल को सुकून, देती है हर वो बात...
जिसमें तुम्हारा, जिक्र होता है...
ठहर जाती है निगाहें वहीं, जहां नाम तुम्हारा लिखा होता है........
अहंकार में डूबे इंसान को न तो खुद की गलतियां दिखाई देती है ना ही
दुसरो की अच्छी बातें.....

jai hoo...

जय श्री राधे राधे
मिले वास सदा वृंदावन को, यही हमारी आशा है।
यमुना पुलिन प्यारो लागे जहां रसिकों का वासा है।
सेवा कुंज मनोहर सुंदर, एक रस बारहों मासा है।
ललित किशोरी तन मन व्याकुल, युगल रूप रस प्यासा है।
श्री वृंदावन

54. रो लूं या हँस लूं

आज मुझे अपने पास बैठा के कुछ ऐसा बोला, की मैं समझ ही नहीं पाई,
रो लूं या हँस लूं
क्षमा मांगने की थोड़ी मेरी आदत है, मैं बीते समय को याद करके उनसे
अपनी अनजानी भूलों की क्षमा याचना करती हूं, रोज़ तो वो कुछ कहते
नहीं, किंतु आज का दिन अलग था, अचानक से ही बोल उठे, बस करो
सखी!!
देखा जब उनकी ओर हमने, तो लगा जैसे सरकार बेहद नाराज़ है,
पर उनको समझ पाने की क्षमता मुझ मूर्ख में कहाँ वो नाराज़ नहीं बल्कि
मुझसे प्रसन्न हो बैठे, बोले और कितना तड़पेगी पगली अब बस कर यह
याचना, मैं हर पाप कर्म तेरा मिटा चुका हूं।

55. श्याम श्यामा की।

अनुपम माधुरी जोड़ी, हमारे श्याम श्यामा की। रसीली मधु भरी अखियां,
हमारे श्याम श्यामा की।

कटीली भौंहें अदा बांकी, सुघर सूरत मधुर बतियां। लचक दर्शन की मन
बसिया, हमारे श्याम श्यामा की।

मुकुट और चंद्रिका माथे, अपर पर पान की लाली।। अहा कैसी बनीं है
छवि, हमारे श्याम श्यामा की।

नहीं कुछ लालसा धन, की नहीं निर्वाण की इच्छा इन नैनों को देदो अब
दर्शन, हमारे श्याम श्यामा की।

jai ho...

56. BANSI

There are three gates to self-destruction and hell..Lust, Anger & Greed." -Lord Krishna. ...

• 84 •

57. गुमसुम

आप बनके कान्हा मैं,

आप ही बतियाऊँ रे मिलने ना जब आए वो स्वयं का कृष्ण रूप बनाऊँ रे।
जाकर किसे सुनाऊँ दिल की पीर बगैर उनके मुखड़े पे सदा रहने वाली
खिलखिलाहट, आज गुमसुम बन बैठी है, जिस दर्द को छुपा रखा था
समाज से हमने, आज वही पीड़ा झरना बनी आँखों से बहती है।
बगैर तेरे कांधे के तेरे ही सामने सिलसिला यह दर्द का चल रहा है,
तरसती इन निगाहों में रूप तेरा ही बस रहा है।
बता दो कन्हैया कब हमारी इन तरसती नजरों से तुम अपनी नज़रे
मिलाओगे, कब लगा के आवाज़ मुझे अपनी ओर बुलाओगे, संभवतः मेरी
खोई हुई मुस्कुराहट लोट आए, जो तेरी आवाज़ सुनने की ख़ातिर गुमसुम
बन बैठी है।
अब तो लगने लगा है,
जैसे इन गुजरते दिनों के साथ, तुमने ना आने की सोच बैठी है,
पर बदलो अगर इरादा कभी अपना, तो आना, मुझे अपने संग लेजाने के
लिए।

58. NIRGUN

JAI HO

59. झूठे मीठे बोल

मझधार में तो हर कोई फसता है,

तर वही जाता है जो कृष्ण नाम भजता है!

झूठे मीठे बोल सब बोले, प्रेम का न जाने कोई मोल, मुख स्वर निकले

हरि नाम जब मेरे लिए वही प्रेम के बोल !

धर्म का अर्थ सब पूछे, कोई पूछे ना हरि नाम का मोल तुम लिख दो हरि

नाम जहाँ, मेरे लिए वही धर्म का बोल!

समर्पण का अर्थ सब पूछे, कोई पूछ रहा त्याग क्या, तुम कह दो एक बार

हरि नाम मुख से, तुम्हें मिल जाएगा हर अर्थ कहा !

जिस मन हरि नाम गूंजे,

वहीं बसा है प्रेम, धर्म, समर्पण और त्याग का बोल, अर्थहीन है सब जहाँ

न गूंजे हरि नाम का बोल!

याद रखना फिर से कहती हूं,

मझधार में तो हर कोई फसता है, तर वही जाता है जो कृष्ण नाम भजता
है!

अध्याय60

humility

61. बसी बजाऊँगी

एक ऐसी बसी बजाऊँगी,
आपको धुन सुना के
आपके गोलोक से खींच लाऊँगी,
एक पत्थर में भी आपके प्राण फूंक डाऊँगी,
तन मन का बलिदान कर
खुद को आपके चरणों में समर्पित कर डाऊँगी।
अपने मन का हर भाव निकाल के में,
पत्थर की उस मूरत में प्राण भर डाऊँगी,
कि हर सूखी डाली का फूल भी खिल उठेगा,
तेरी मूरत को देख!
शीश जो झुकाएगा,
वो भाग को पाएगा,
वरना हर प्रश्न आप पर उठाने वाला व्यक्ति,
एक दिन स्वयं पत्थर हो जाएगा।

बसी बजाऊँगी

62. ...

Do everything you have to do, but not with ego,
not with lust,
not with envy but with love,
compassion, humility, and devotion." -
Lord Krishna

Enter Caption

63. कब वो दिन आएगा

कब वो दिन आएगा जब वो बाँहें फैलाए हमारे सामने खड़े होंगे, आपको क्या लगता है ? हम उनको गले लगा लेंगे! तो उत्तर सुनते जाइए. नहीं!! जिस विरह में हम तड़पे हैं, हम औरों को ना तड़पने देंगे, हमें अपनाने से पूर्व, शर्त है उन्हें सबको हृदय लगाना होगा!

जिस दिन की मैं सबसे ज़्यादा प्रतीक्षा करती हूं कि कब वो मेरे समक्ष आएंगे, उस दिन हम अपनी इन्हीं अखियों को स्वयं बंद करेंगे, हम जिस मोहिनी रूप के दर्शन के लिए दिन रात तरसे हैं, हम औरों को ना तरसने देंगे, उन्हें हमें अपने दर्शन देने से पूर्व, सबके समक्ष आना होगा!

मैं उन सखियों में से बिल्कुल नहीं,

जो यह कहे कृष्ण तुम जिस ओर लेजाओ मैं उस ओर चल दूंगी, वो जानते हैं मैं थोड़ा दीठ हूं और ज़िद्दी भी, मेरी हर इच्छा का मान रख मुझे डंके की चोट पे लेजाना होगा!

क्या सरकार इस सखी की इच्छा का मान रखने में सक्षम है ? अब यह उत्तर उन्हीं को मुझे बतलाना होगा !!

64. JHULA

"For one who has conquered his mind,
a mind is best of friends,
but for one who has failed to do so,
a mind is the greatest enemy." -
Lord Krishna

Happiness is a state of mind,that has nothing to do with the external world." -Lord Krishna

The Key to happiness is the reduction of desires." - Lord Krishna. ...

65. बृज की गलियों

बृज की जिन गलियों में घुमा करते थे मेरे कृष्ण वहाँ जोगन बन कर
नृत्य करना है कभी, क्या पता लग जाए मेरे माथे से वो कण, जिसने
छुआ था मेरे कृष्ण के चरणों को कभी

जहाँ की हवा में खुशबू है मेरे कृष्ण की कदाचित् उनका एहसास हो जाए
मुझे कभी, जहाँ नित्य बजाते है वो अपनी बाँसुरी, कदाचित् कोई धुन सुन
पाऊँ मैं कभी

जिस निधिवन में रास रचाते है वो, शायद वहाँ उनका कोई घुँघरू मिल
जाए, मेरे बाँके बिहारी पर अर्पित कोई फूल, प्रसाद के रूप में मिल जाए
मुझे कभी

अपनी जिस बृजभूमी पर घूम रहे हैं बालक बन कदाचित् उनकी ही कृपा से
साक्षात्कार हो जाए कभी, जिसे देखते रहना चाहती हैं नज़रे मेरी एकटक,
शायद उनकी कृपा दृष्टि भी पड़ जाऐ मुझ पर कभी।

66. JAI SHRI

Why do you worry unnecessarily?
Whom do you fear?
Who can kill you?
The soul is neither born nor dies." -
Lord Krishna

jai hoo..

Whatever happened was good.
What's happening is going well.
Whatever will happen will also be good.
Do not worry about the future.
Live in the present." -
Lord Krishna

67. आँख मिचौली

आज खेल रहे आँख मिचौली बांधे आँखों पे पट्टी है, आज पता चला निकले क्यों यह कपटी हैं! जो देख लेते हैं बिन आँखियों के भी, आज आँखे बंद होने का खेल रचा रहे! अंतिम दौड़ तक भगाने वाले, आज स्वयं खेल में भाग रहे!

संखियों ने घेरा बनाया है, आज न जाने देंगे इस कन्हैया को बड़ा मुश्किल से हाथ आया है, छेड़ रही आवाज़ लगा कर ढूंढो कान्हा, पर समझ ना पाई यह इनका नहीं, स्वयं मायापति ने जाल बिछाया है।

इनकी तिरछी नजरों से भला कौन बच पाया, बारी बारी से ढूंढ रही, पल्लू देखा अपना तो खड़ा देवर पाया है, यह कन्हैया है प्यारा, जो किसी के हाथ न आया है।

चतुर जो कहे खुद को,
उसकी सारी चतुराई इनके आगे न टिक पाए यह तो कपटी बड़े हैं, जो चाहें वही यह दिखाएं

स्वयं सच्चा नाम जिनका, कैसे देखो मधुर झूठ बोल रहे, व्याकुल मन को करके और अपनी ओर खींच रहे

स्वयं अपनी बातें मनवाने वाले, आज सखाओं की बात मान रहे, इस खेल खेल में देखी अपना ही मनोरथ साध रहे, जानते हैं कालिया को वश में करने यमुना में जाना है, यह खेल खेलना तो इनका एक मधुर बहाना है।

68. KESHAV

Set your heart upon your work but never its reward." - Lord
Krishna
The only way you can conquer me is through love,
and there I am gladly conquered." - Lord Krishna

When a person responds to the joys and sorrows of others as though they were his own,he or she has attained the highest spiritual union." -Lord Krishna

अध्याय69

जब देखती हूं कितने लोगे चाहते हैं तुझे, तो मन में एक आनंद की तरंग उठती है, तुझे होता देखना चाहती हूं सबका एक ऐसी उमंग उठती है। कैसे मैंने पाया है तुझे मन भीतर अपने सबको बताने की चाह उठती है!

अध्याय 70

The mind is fickle. It won't obey you every time the mind misbehaves,use your discretionary intellect to bring it back to the equanimous position." -Lord Krishna

71. ममता

ममता भरे उन हाथों ने जब मुझे सहलाया था
उस दिन से कृष्ण प्रेम का भाव मेरे जीवन आया था,
चाँद तारों में तारीफ़ नहीं कर सकती उनकी मैं,
पूरी सृष्टि ने अपना सौंदर्य उनसे
पाया था!

अध्याय 72

Calmness, gentleness, silence, self-restraint and purity: these are the disciplines of the mind." - Lord Krishna

घर द्वार छोड़ दौड़ी,चली आयी भोली सखियाँ,सुध बुध खोयी ऐसे,सुन तेरी प्यार भरी बतिया |

घर द्वार छोड़ दौड़ी,चली आयी भोली सखियाँ,सुध बुध खोयी ऐसे,सुन तेरी प्यार भरी बतिया |

73. इच्छा

कोई ज्ञान पे प्रश्न उठाता है, कोई मान हानि कर जाता है, समझ के
मुझको मूर्ख कान्हा जी, अपना ज्ञान दे जाता है !
देने वाले को लगता है वो कोस रहा है मुझको, वो क्या जाने कृष्ण नाम
का हर चिंतन, मुझ पर अमृत वर्षा सा बरस जाता है!
कोई लिखता अपमानित शब्द है, कोई प्रशंसा के फूल बरसाता है, कोई क्या
जाने कान्हा जी, जो मिल रहा मुझको, मेरी तरफ से, सब तुझको अर्पण हो
जाता है।
कोई समझे साधु मुझको, कोई कह रहा पांखड़ी हूं, पर कोई नहीं जान पा
रहा, तेरे संग मेरा यह नाता क्यों खास हो जाता है!
मेरे मन में रसवृद्धि का रहस्य, कोई क्यों नहीं समझ पाता है, मैं जैसी
भी हूं, सिर्फ अपने श्री कृष्ण की हूं कोई क्यों नहीं जान पाता है!
ना कोई साधु में,
ना कोई संत,
ना ज्ञान मुझे वेद पुराण का,
मैं वो हूं जो समझती है केवल एक ही सत्य हर प्रमाणिक या रचित कथा
में कृष्ण नाम का!
मत बां मुझे किसी भी संप्रदाय में, में इस योग्य न बन पाऊंगी, मैं मूर्ख हू
और मूर्ख ही रहना चाहती हू यह अपनी इच्छा से बतलाऊंगी।

74. PUNYA

Perform your obligatory duty,
because action is indeed better than inaction." -
Lord Krishna

हे कान्हा,
तुम संग बीते वक़्त का मैं कोई हिसाब नहीं रखती

मैं बस लम्हे जीती हूँ
, इसके आगे कोई ख्वाब नहीं रखती।

75. किस मिट्टी से रचा है

किस मिट्टी से रचा है उसने मुझे! मैं खुद सोच के हैरान हूं, ना भीतर क्रोध बसता है न दंभ, शीतल हुआ स्वभाव है!

कौन सा अमृत पान करवा दिया मुझे, मैं खुद सोच के हैरान हूं, क्यों अमृत सा मैं लिख रही सिर्फ उसका नाम हूं।

कौन सी गुणों की खान में जाके, खोज के मेरे लिए गुण निकाला है, इस अवगुण से भरी देह को भी, तूने अपने योग्य बना डाला है।

लोग कहते हैं मुर्ख मुझको, यह क्या कर डाला है, अपने ही नाम की विद्या पर मुझे मुर्ख घोषित करवा डाला है!

यह क्या प्रपंच रचा है कन्हैया तूने! किस मिट्टी से रचा डाला है, कि अब इस मिट्टी का भी मुझपे, कोई आधिपत्य नहीं चलता

76. NAND GOPAL

राधा ने श्री कृष्णा से पूछा
प्यार का असली मतलब क्या होता है
श्री कृष्णा ने हंस कर कहा
जहाँ मतलब होता है वहां प्यार ही कहाँ होता है

Ladu gopal

मटकी तोड़े,
माखन खाए फिर भी सबके मन को भाये;
राधा के वो प्यारे मोहन,
महिमा उनकी दुनिया गाये

77. हे मधुसूदन

हे मधुसूदन,

मैं अपनी कमियों को जानती हूं,

यह भी जानती हूं मैं अपने जीवन का हर युद्ध हारी हूं किंतु मैं अपनी

सबसे बड़ी ताक़त को भी जानती हूं,

वो ताक़त आप हैं!

हे प्रेमी,

इच्छा तो मेरी आपको पाने के भी नहीं है,

किंतु आपकी मुस्कराहट देख लगता है, जैसे आप मुझे अवश्य पाना चाहते

हैं,

आप छोड़ते कहां हैं अपने प्रेमियों को, बहुत जिद्दी हो आप चलो कुछ तो

बात है जो आप में और मुझमें सामान्य है।

हे केशव,

आपने हर परिस्थिति में मुझे प्रेम किया, समय कैसा भी आया आप ढाल

बनके खड़े रहे, मन इच्छा तो होती है आपका धन्यवाद करने की, पर कैसे

कहूँ,

उस असीम प्रेम के सागर के आगे, जिसमें में एक केवल मत्स्य हूं।

हे प्रेमी,

हर नीति का ज्ञान रखते हैं आप,

तो अब आप बताए कि आपके इतने विशाल हृदय में, मेरा विशेष स्थान

कैसे बन गया ?

सच कहूँ ..

कभी कभी मैं सोच के इतरा लेती हूं,

मैं आपकी प्रिय हूं,

पर यह इतराना भी व्यर्थ हो जाता है, जब आपके असीम प्रेम को देखती

हूं।

मानो उस पल में मुझे मेरे होने का भी कोई भान नहीं

78. PARMATMA

राधा की चाहत है कृष्णा
उनके दिल की विरासत है कृष्णा
चाहे कितना भी रास रच ले कृष्णा
दुनिया तो फिर भी यही कहती है "राधे -
कृष्णा"

79. मूढ़ दुर्योधन

मूढ़ दुर्योधन,

वस्त्र हरण द्रौपदी का कर, स्वयं चीर नारायण के उतारे, अब तुम ही बताओ क्या नारायण थे इस पे चुप्पी साधने वाले, 'थे जब उतर रहा था नारी का मान अंधों की उस सभा में, तब रक्षण हेतु पहुँचें थे हाथ चक्र धरने वाले, शकुनि के पासों ने अबला को लाचार बनाया, पर कृष्ण की मौजूदगी को भांप ना पाया, अंधे का पुत्र था अंधे होने का प्रमाण दिखलाया! आँखे होती तो देख पाता कैसे कृष्ण की सखी का अपमान स्वयं कृष्ण

का अपमान बन आया।

स्मरण रखने की बात छोटी सी,

अपमान जब हुआ नारी का नारायण सारथी बन महायुद्ध में आया !

80. ...

jai shri krishna

81. हे प्रेमी

हे प्रेमी,

मेरे लिए तो एक मात्र सखा आप हैं, मेरा हृदय साक्षी रहा,

मैंने स्वयं पर कभी किसी और का आधिपत्य न स्वीकारा, न स्वीकारूंगी,

एक आप ही थे जो उस पल मेरे संग खड़े रहे,

जब अनेकों मित्रों ने साथ छोड़ा,

सब को मेरे संग चलना जब अपमानित लगता था, तब केवल आप थे

जिन्होंने मेरे संग चलना अपना गौरव समझा,

में कैसे धन्यवाद करूँ आपका,

कहाँ से शब्द लाऊँ,

ऐसा लगता है मानो सारा का सारा शब्दकोश, कम पड़ गया हो।

82. KRISHN

Enter Caption

अध्याय83

Enter Caption

Thank You

Your lotus feet are the reservoir that always deserves to receive worshipful homage from all great sages eager to understand the Absolute Truth. You are full in opulence, renunciation, transcendental fame, knowledge, strength therefore I surrender myself unto Your lotus feet.

THANK YOU

Enter Caption

Resulting in a volume" MERE KRISHNA " a pure epitome of our love for lord Krishna "Radhe Radhe "

Thank you all for your time and love !